오동보라

오동보라

김숙이 시집

New Poems By Kim sook Iee

그루

시인의 말

다시 한 권의 시집을 다듬어 봅니다.

나에게 있어서 시를 쓴다는 것은 공기를 호흡하는 일과 같습니다.

그것은 삶에서 무슨 특별한 일이 될 수는 없습니다.

살아가는 시간 속에서 이슬방울처럼 가슴에 알알이 맺힌 사연들을

잘 마른 빨래처럼 차분히 걷어내어

이렇게 다듬고 저렇게 매만지며 원고를 정리해 봅니다.

시를 쓴다는 일은 분명 행복감이 수반됩니다.

하지만 그 행복감은 고통 속에서 형성되었습니다.

내 삶이 지속되는 한, 시 쓰기는 계속될 것입니다.

나에게 있어서 시 쓰기는 모래바람 부는 사막을 터벅터벅 걸어가는

낙타의 하염없는 보행과도 같습니다.

여전히 미흡하지만 스스로를 다독이고 채찍질하기 위하여

그렇게 만든 시집을 여러분 앞에 내놓습니다.

2022년 8월

김숙이

차례

2

—

3

—

4

—

1

봄 까치꽃

어머니 산소
올라가는 길
양짓녘에
키 작은 꽃들이 피었어요

온몸에
봄빛을 물들인
조그만 별꽃

멀리 북쪽에는
얼음이 얼었다는데
이곳엔 봄이 와 있네요

어머니 계신 곳
따스한 명당이라는
기쁜 소식
전해 주러 왔나 봐요

오동보라

오동나무 꽃그늘 아래 서면
오동보라 꽃빛 좋아하던
뽀얀 살결 어머니 생각이 난다

바느질 잘하는 이모가 정성들여
오동보라 꽃빛 노방 천을 겹으로 대고
가늘게 쌈솔로 박은
깨끼 치마저고리 입은 어머니
이웃사람들이 달나라 항아 같다고들 했다

그윽이 쳐다보던 아버지 돌아가시자
어머니는 그토록 좋아하시던
오동보라 꽃빛 노방 깨끼옷을
장롱 맨 위 종이 상자 안에 모셔 두었다

칠순이 된 어머니 앞에
소중히 여기시던
오동보라 꽃빛 노방 깨끼 치마저고리 펼쳐졌다

아까워서 모셔놓았는데
"색이 처음하고는 달라졌어
오동보라색이 가장 많이 날아가여"
하시던 쓸쓸한 눈빛
저승에서나마 마음껏 고운 옷 입으실까

오동나무 꽃그늘 아래 서면
"고운 옷은 아끼지 말고 입어라" 하시던
오동보라 어머니 생각이 난다

참꽃의 노래

다시 꽃봉오리 시절로 돌아가고 싶다
이름 없는 산골에서 오순도순 함께 웃고
밤이면 별 뜨고 낮이면 환한 햇살 받던 곳

잎파랑이 새순 공장 물 부족할까 봐
아껴 마시며 용케도 나르던 물
꿈 부풀던 그 시절로 다시 돌아가고 싶다

낮은 키 어깨동무로 많이도 웃었는데
지금은 꽃잎 모조리 바구니에 담긴 삶
화전이나 술병 안에서 빛깔로 남을 것인가

산천의 맑은 기운으로 떠돌다가
다시 한 번 상처와 시련의 꽃으로 태어나
입술에 꽃물 든 아이들 시장기 덜어 주고 싶다

앵두나무

창 너머로
살구꽃, 벚꽃 피었다 질 동안
집에서만 있었는데

오랜만에
앵두나무 옆에 가니
녹두알만 한 열매가 달렸다

언제 밀회 이루어졌나
코로나 바이러스 상관없이 이루어진
자연의 신비

어릴 적 옆집 순이 언니
남자 만나지 말라고
온 식구가 그토록 지켰는데
배불러 오던 풍경

딸기

그대 입술 머물고 간
여인 이름 헤아려 본다

장희, 육보, 설향, 죽향
매향, 금실, 아리향이지만
그중에서도 매향과 설향에
손이 먼저 간다지

향긋한 이 여인들 입술
하루에 다섯 번 정도 닿으면
몸에 여러모로 좋대서

그대는 꽃받침 먹고
나는 자꾸 권하고

꽃 옆에서 사진 찍는 할머니

꽃은 봄에만
피는 게 아니랑께
젊은 아가씨도 어여쁜 꽃이여

선운사 입구에서 본 동백꽃
가을에도 오롱조롱 꽃봉오리 열렸어

동백꽃 옆에서 사진 찍고
웃고 있는 할머니도 꽃이여
누구라도 꽃 보는 동안만큼은
마음이 꽃이여

꽃댕강

3호선 아래 명덕로에서
어린 소녀들이
나붓나붓 말을 건다

친정 연년생 조카딸 또래
아이보개로 와서
십일월 찬바람 불 때 떠나
다시 돌아온

조카딸인가 아이보개인가
모두 비슷비슷한 얼굴들이 웃고 있다
아직 여린 애송이 꽃잎인데
함께 나란히 웃으며 환호한다

씨로는 늘어나지 못한다는
저 어여쁘고도 덜 자란 소녀들
보기만 해도 애처롭다

회화나무

—남평 문씨 본리 세거지에서

북두칠성 기운 받았다는
기품 있는 옛 선비 어르신을
자주 만나면 학자가 된다고 했다

유백색 꽃숭어리 흔들며
마을 한가운데 선 기개 있는 어르신을
모시면 행운이 몰려온다고 했다

유난히 추위 잘 타는 내게
민간요법 소중히 여기는 사람들이
그건 몸이 허약해서라며 그 어르신
주시는 잘록잘록한 열매 얻기를 권했다

나붓이 조아리며 다가갔지만
후손들이 몹시도 귀하게 모시고 있어
가까이 범접하기 어렵던 분이었다

애달픈 가족

보도블록 틈에 돋아난
작은 풀들이 마구 뿌리째 뽑혀
군데군데 놓여 있다

마구 캐내는 서슬에
난데없이 솟구쳐 나와 삶을 마감하는
작고 애잔한 생명들이여

네 연둣빛 생명이 슬프구나
어쩔거나 어찌할거나
길 건너 어느 삭막한 곳에 던져져
순식간에 강제 철거민 되어 버린
애달픈 가족

쥐똥나무

울타리로 서 있는
가늘고 청초한 너의 자태
추운 겨울에도 잘 견딘다지
네 끈질긴 생명력

북녘에서는 누구랑 나무
동의보감에는 남정목
충청도에서는 조갈나무
영남에서는 쥐똥나무

부르는 이름이 무슨 상관이랴
열심히 맑은 꽃향기만 피워 내면 되지
과연 물푸레나무 혈통답구나

할미꽃

일찍 홀로되시어
평생을 고개 숙인 채 살아오신
내 할머니 닮은 꽃

같이 사신
하얀 머리카락
풀어헤친 증조할머니
고운 치장도 한 번 못하고

양반 마을에
단단히 뿌리내린 덕에
달 뜨는 밤에도
사랑을 단술처럼 삭혀 내던 어머니

미나리아재빗과 가문에서
벌도 나비도 없이
삼대에 걸쳐 묵묵히 살아오신
고결한 할머니
민초들의 절개여

꽃을 찾아가는 길

넝쿨장미 우거진
아름다운 꽃밭으로
마음 맞는 친구와 같이 가 보세

벌들이 닝닝거리며 날아들고
나비가 춤을 추는 곳
기쁨을 더더귀더더귀 붙여 오세

즐겁고 밝은 기운
향긋한 말 가득 담아
만나는 사람마다 안겨 주세

우당고택 탱자나무

푸른 울타리 가시 사이
흰 꽃이 걸려 있다
초록 가시마다 꽃향기 은은하다

탱자나무는 추억의 소리를 불러낸다
어린 날 고모부가 만들어 주신 탱자나무 윷가락 소리
겨울 밤, 친척 아지매가 '모야' 윷을 던지면
박수 소리와 어우러지던 즐거운 웃음소리

여름 낮, 탱자나무 가시로
삶은 올뱅이 꺼내 먹던
옆집 친구 순이의 후루루 찹찹 소리

스무 살 가을 날
탱자나무 울타리 길
그이가 앞서 걸으며 내던 휘파람 소리

시방,
탱자나무 울타리에

포르르 날라든 참새
모듬발 평화롭다 재잘대는 소리

* 충청북도 보은에 있는 보성 선씨 종가댁으로 우당 선병국(宣炳國)의 조부인 선영홍(宣永鴻)이 지은 건물. 20세기 초반에 지은 건물로 총 3만 평 대지에 134칸 규모의 방앗간을 갖추었고, 당대 최고의 목수들을 불러서 지었다.

살아 있는 것은 아름답다

내가 본 꽃들은 아름다웠다
콩꽃 팥꽃 호박꽃 수세미꽃 가지꽃은
열매를 오롱조롱 매달려서 좋고
봄까치꽃 민들레꽃 질경이꽃 코딱지꽃
애기똥풀 미나리아재비는
쓴 약효가 있어서 좋다
너무 편해서 그냥 보게 되는 야래향은
향기가 자욱해서 좋다
이렇게 살아 있는 것들은 모두 아름답다

내가 본 여자들은 아름다웠다
눈이 큰 여자, 키가 늘씬한 여자
마음씨가 예쁜 여자, 배려를 잘하는 여자
자태가 너무도 고와서
화초장처럼 문갑 옆에 모셔놓고 싶은 여자
함께 있으면 마냥 편안한 여자
강하고 다부진 야성으로
반드시 살림을 크게 일으킬 여자
이렇게 내가 본 여자들은 모두 아름다웠다

노조 가입

작고 여린 것들이
옹기종기 모여 사는 곳은
주변을 한 번 더 돌아보게 하는
묘한 매력이 있다

봄까치꽃은 봄까치꽃대로
자운영은 자운영대로
토끼풀은 토끼풀대로
저들끼리 함께 어울려 살아야
나그네가 그 앞에 발길 멈춘다

그 어디에도 의지할 곳 없는
작은 풀이여 가련한 생명들이여
이리 오너라, 어서 오너라
우리끼리 어깨를 맞대고 모여 살자

강아지풀

선배의
여름 졸업식을 알게 된 날
지갑은 비고 꽃집은 멀고
길가 풀숲에 개미취 강아지풀로
촘촘히 얼기설기 정성껏 엮어 짜서
꽃다발 한 아름 만들었지

큰 키에
유난히 눈부시던 학사모
다른 사람들이 가져 온
화려한 장미 다발
가난하고 서툴렀던 내 청춘의 민낯은
주눅들어 다가가지 못했네

그때 다가와 건네주던
그대의 다정하고 포근한 목소리
내가 강아지풀 좋아하는 걸
어찌 알았지
난 이 꽃다발이 너무 맘에 들어
아직도 생생한 그날

봉숭아

꽃잎 빻아
무명지에 고이 얹어
아주까리 잎으로 싸맨 채
잠들던 그 날

첫눈 내릴 때
고운 인연으로 물들여진
세상살이 생각하던
설레던 그 해

길섶 울타리에서
언제나 마주치던 낯익은 맵시
잘 여문 둥근 씨앗 되어
다가오던 추억

국화

세상 고운 꽃들이
앞다투어 봄나들이할 때
나는 아무것도 아닌 풀처럼
다소곳 엎드려 있었다

여름 뙤약볕 제아무리 강렬해도
지나는 바람이 먼지를 흩뿌리고 가도
나는 숙맥처럼 가만히 있었다

상강이 지나면
어김없이 찾아줄 그대가
물어물어 오고 계실 것이기에
그날을 기다리는 내 즐거움이 있기에

살사리꽃

그 여자 청춘 시절
순정한 살사리꽃 닮았다는
그의 말에 이 꽃을 무조건 좋아했지

가냘픈 매무새 살사리꽃처럼
빨랫줄에서 살랑거리는 하얀 손수건을
집게로 콕 집어 놓던 그 여자

자식 셋 키울 동안
꽃다운 꽃구경도 제대로 못하다가
황혼녘에야 겨르로이 살살 꽃 길을 걸어가네

신발에 묻은 흙내음과 엷은 살사리꽃 향기
휘파람이 저절로 흘러나오네
여린 날의 그리움이 옷섶에 일렁이네

능소화

반가 토석
담 위로는 나팔꽃도
양반의 시늉을 하며 뻗어 간다

연꽃은 어디 갔나
열사흘 달은 구름에 가려 보이질 않네
나는 그들의 합주를 기다리는데

골목 토담 길
흙담장 따라 걷는 내 앞에
누가 주황빛 적삼을 벗어던지는가

2

오월

박물관 뒤 숲길
아카시아꽃 향기 실바람에 휘날리고
황금 꾀꼬리 경쾌한 소리
나뭇잎 사이로 맑게 퍼져 나가는 계절

수레국화 꽃 양귀비
빠끔히 얼굴 내민 시 산책로에서
그리움을 캐내는 글밭이여
뺨 위를 스쳐가는 상쾌한 바람이여

자, 보아라
지금은 무얼 시작해도 좋은 계절
우리도 한 폭의 풍경이 되어
멋진 그림 만들어 가세

맷돌호박

여름 빗방울
호박잎 두드릴 때
밝고 경쾌한 자진모리장단
들려주더니

강된장 좋아하는
할머니에게
호박순 내어주고

출산한 딸에게
황금빛 잘 익은 맷돌호박
신명나게 바치던
우리 집 복덩어리

살아가는 법

—코로나19, 사회적 거리두기

거리엔 사람이 없어도
상화동산에는 매화 향기 가득하네

서늘한 꽃그늘 아래서
나는 물새 날아간 곳을 바라보네

물새는 떼 지어 날아갔다가 다시 오지만
그 사람 다시 만나지 못하네

다행히 깊은 밤 마주할 글이 있으니
시름을 달래며 그냥 살겠네

헛똑똑이

비슬산 능선 따라 걷는 길
애기 쑥이 소복하다
맑은 공기 머금고 돋아난 풋풋한 것들

도다리쑥국 좋아하시는 어머니 위해
쑥 뜯노라니 손톱 밑이 새까맣게 변한다
한 길손이 말하기를
지금 뜯는 것은 구절초 싹이라 한다

나물 이름 잘 안다고 칭찬해 주던 친구여
나는 아무것도 아닌 헛똑똑이
구절초와 쑥도 구별 못하는

일벌

어머니는
일벌이었다

친척이 대학에 붙은 아들을 맡기면
친자식 대하듯 밥상을 차려 주고

도르륵 도르륵
편물을 짠 수입으로
자식들이
학문과 지식을 지니게 해 주었다

일벌이
단물과 꽃가루를 모으듯이
평생 먹을 꿀을
모으기만 하다가

정작 자신을 위해
쓰지도 못하고
먼 나라로 떠나갔다

처방전

날마다 바둑 두며
늦게 들어오는 우리 집 양반
이젠 그만둘 수 없냐고 물었더니
일단 생각해 보자고 했다
달포 지나 돌아온 답은 그게 인생이라 했다

이웃 할머니에게 하소연했더니
마당귀에 고운 꽃을 심어 보라 했다
작약 황매화 넝쿨장미
분꽃 채송화로 온통 치장을 하고 나니
철따라 피는 환한 빛깔에
저절로 얼굴에 미소가 감돈다

흙 묻은 손으로
화초에 거름을 주노라면
세상 모든 것이 편안해졌다

그렇다 모든 것은 다 한때가 있나니
오늘의 고달픔은 내일의 밑거름

꽃밭에서 화초를 돌보며
할머니의 처방전을 곰곰이 생각한다

시험관

이른 아침 잎겨드랑이에서
한 개씩 피어나는 진노랑 별꽃
아기 호박은 별꽃을 안은 채 땅에 떨어진다

쭉정이 되지 말라고
수꽃을 따 암꽃 수술에 문지르니
마침내 넝쿨마디에 튼실한 열매 자라났다

생명이란 그런 거야
바람이나 벌레가 제구실 못할 때엔
사람이 일부러 혼인을 시켜 줘야
후손을 맺지

싱싱한 암술의 시간을 지키려고
오늘도 병원을 찾아 몸 맡기는 그대여
의학 기술이란 위대하여라

지지름돌

곰취 잎 한 줌씩 포개
맛간장 즈려 붓고 모오리돌 지그시 누르니
그제야 숨 들어갔다

달포 다짐해 놓고
돌 아래 조심스레 살폈더니
깊은 맛이 배었다

돌이켜보면
그토록 성격이 팔팔하던 나를
모오리돌로 지그시 잡고 눌러 주던 사람

그 덕분에 내가 어디서나
함부로 달뜨거나 서둘지 않게 되었다
이런 나에게 그이는 지지름돌

가을

한번 삐친 사이는
다시 여물 때까지 기다려야 한다던
어른들의 말씀은
전혀 귀에 들어오지 않았다

한로 지나자
찬이슬이 새벽 눈망울에
더욱 영롱하게 비칠 때
내 눈에서 그렁그렁 반짝이던 것

이마에 와 닿던 가을 햇살
겨울 양복 미리 지어서 입고
소식 없는 그대에게 다시 연락한 것도
바로 이 계절이었다

오래된 사랑

우리 집에서 나온
수도의 붉은 호스가 길게 뻗어
옆집으로 들어가던 시절

늘 절약하시는 어머니가
가로등 스위치를 맡아
과외 마치고 돌아오면 불빛 환하던 골목길

내 사랑은 숨길 수 없었네
낡은 나무대문 사이로
그이, 지문 묻은 편지로 소시 전해 오면

매일 이른 새벽
대문 열어 싸리 빗자루로 골목길 싹싹 쓸어내시던
어머니에게 들키고 말았지

소리의 역사

시골 할머니 집
상여꾼 구슬프게 오호 어허
꽃상여 메고 가던 소리

해질 무렵
또르락 똑닥
어머니 다듬이질 소리

한밤중
똑딱 똑딱
야경꾼 방망이 소리

오늘은
윙윙 윙윙
공중에서 들리는 드론 소리

눈물 흐르던 밤

어머니
구십 평생 쓸쓸했던
겨울 나그네

당신 장례 때문에
바쁜 혈육들
고생시키지 않으리라
평소 다짐하시더니

정월 보름달 뜬 열엿새
자정 무렵에 별나라로 가셨다
성당까지 엄숙히 모시는 길

싸늘한 달 외로이 떨고 있고
눈 녹은 물 찬 기운 사방에 흐르고
설중매 꽃잎 이지러져 떨어지고

추억의 안지랑골

앞산 흘러내려 오 리 길 계곡이라
골안골 옆에 두고 주루룩 콸콸 내려오니
바위틈 흐른 후 남실 물놀이라

뒷집 점순네도 옆집 후돌이네도
내일이면 안지랑이에 물 맞으러 간다는 날
밤새껏 기분이 생뚱했다

별을 보며 표주박에 마신 물
대망의 길로 나아가 왕조 꿈 투시했다는
바로 그 계곡이 아닌가

생각 속에선 안지랑골 물놀이 첨벙
광목 횃대보 늘어진 속
평상에는 먹다 남은 수박씨도 보였다

둥지 섬

저수지 한가운데
섬 하나 있어 그 섬 느릅나무
우거진 가지에 어이 둥지가 저리도 많은가
온통 열매처럼 주렁주렁 달렸다

때가 되면 새들은
알을 까서 병아리를 키우며
자라면 먼 곳으로 떠나보내지 않고
바로 주변 가지로 살림 차리네

너희들은 좋겠구나
네 자손들 가까이에 있어
늘 안고 품고 끼고 부비고 거느리며
보고 싶을 때 볼 수 있으니까

그런데 내 아이들은
어찌 그리도 먼 곳으로 가서
둥지를 틀었나
보고 싶어도 몸이 아파 못 가네

고향 길

아버지 상여가
산기슭으로 떠나가던 날부터
고향 찾아갈 때마다
서럽게 우는 까마귀소리 들리던 길

어린 시절 동네 어귀 들어서면
서른밖에 안 된 과수댁 딸이라고
치맛자락에 때 묻은 여인들이
나물 캐다 말고 물끄러미 바라보던 길

그렇게 세월은 흘러가고
부모님 묘소에 금초하러 가는 가을
소문 듣고 찾아온
얼굴 모르는 할머니가 나를 얼싸안던 길

어릴 적 개울에서
삼대 겨릅대 함께 벗겼다는
낯선 고향 사람
그는 대체 누구일까

여기는 삼을 벗기던 곳이었고
저기는 삼대 담그던 냇가였지
아마 물 긷던 우물조차 사라진
아련한 고향 길

어머니

어머니는
하버드대학 연수 가는
공무원 아들 뒷바라지하려고
일찍부터 미용사 기술을 배우셨다

타국에서 손자 녀석 친구들
머리를 매만지고 다듬어 주며
교포 모임에서는 집집마다 음식을 만들어 와야 한다는
관습이 있어 팥죽 한 양동이 끓여 가서
아들 얼굴 거뜬히 세워 주었다

출산에 대해
아무것도 아는 게 없던 젊은 엄마들
산바라지까지 모두 도맡아 하며
신용을 쌓던 억척 어머니

그래도 해질 무렵이면
한국이 그리워서 우셨다고 한다
용돈도 넉넉하고 평생을 이고 살던 아들 곁인데도

고국이 그토록 그리워서 우셨다고 한다

어린 시절

어린 시절 우리 집
사흘마다 하룻밤씩 묵어가던 친척은
떡이나 도토리묵을 꼭 갖고 왔다

할아버지가 가을엔 추수한 쌀
몇 가마니 부쳐 주시고
아버지가 남기고 가신 집
우리 남매가 쓰고 남는 방 두 칸에
어머니가 달세 방 들였다

부지런한 엄마 덕분에
삼남매가 탈 없이 공부하던 시절
동녘에 뜨는 햇발 기운
가장 먼저 받으면 복 받는다기에
대문 활짝 열고 달려나간 골목길에
놀라워라 남보다 먼저 지나간
어머니의 싸리비 자국

나는 스무 살까지

·

오로지 학교와 집밖에 모르던
철부지 어린아이였다

이름

손녀 이름 올리려
면사무소 가시던 할아버지
맏손자가 아니어서 섭섭했을까

막걸리 한 사발 자시고는
징검다리 헛디디고 개울에 빠져
아기 이름 잊었다 하셨네

면사무소 직원이 작명을 물었더니
외갓집에서 낳아서
외숙이라 이름 지었든가
숙이라 이름 지었든가 하는 말에
직원이 적어 넣었다는 '숙이'

들을 때엔 뾰루퉁 화가 났지만
삭힐 수밖에 없었네

술 한 병 들고
오늘은 할아버지 산소 가는 길

구절초 향기 가득하네

어머니 말씀

어머니는 살아생전에
가을 송이에 눈길 주지 않으셨다

입맛을 높일 게 아니라
무라도 먹을 수 있는 것이
다행이라 하셨다

소학교 시절
십리 길을 매일 걸어 다녔기에
다리가 튼튼하다던 어머니

구순 되던 날 아침
환하게 웃으시며
그 어떤 왕후장상 재벌보다도
오래 살 수 있었던 힘은

무, 배추뿌리를
즐겨 먹은 덕분이라며 웃으셨다

3

이락서당

궁산 한 자락 팔작지붕 이은 학당
여러 산이 서당 향해 공손히 읍하고
이강伊江 낙수洛水 물고기 튀어 오르는
노을 속 새떼 줄지어 날아가던
풍광 벗삼은 선비 호연지기 키우던 곳

정한강 서낙재 큰 학덕 숭앙하여
아홉 문중 서른 유생, 세운 강학소
나아가고 물러나는 법을 익히고
대학 중용 단계적으로 구현한 것은
성상의 윤음이 울렸기 때문이라

들어올린 강창교에 자동차 달리고
하저터널 뚫은 자리 지하철 달린다
속도 채근 따라 급하던 발 멈추고 보니
흐르는 물이 웅덩이 만나면 반드시 채우고 나간다
옛 선현의 글 향기 옷깃 여미게 하네

* 이락서당(伊洛書堂) : 대구광역시 달서구 파호동 낙동강변에 세워진 서당. 조선 중기의 학자인 한강(寒岡) 정구(鄭逑, 1543~1620) 선생과 낙재(樂齋) 서사원(徐思遠, 1550~1615)의 학덕을 기리기 위해 1798년에 건립한 강학소(講學所)

낙동강

골짜기 물일 때엔
풀 향기 흠씬 젖고

강물로 나아갈 때는
이 강 저 강을 두루 품어 안았네

굽이굽이 돌고 돌아
그대는 어느 삼각주에 다다랐는가

훠이훠이 끼룩끼룩
깃털 고운 겨울철새들 다 모였네

방어진 슬도

내 몸은
모래가 쌓여 굳어진 바위섬
조개 살도록 내주었더니
백만 개도 넘는 구멍 숭숭 뚫었어라

파도 부딪칠 적마다
아파서 비명을 질렀더니
슬도명파瑟島鳴波라는
이름 하나 얻었어라

작은 섬 등대 하나에
날아가는 풀씨 품어 안고
토끼풀 보라해국 거기 살도록 했더니
방어진 12경으로 꼽혔어라

장하다 대구

—코로나19, 사회적 거리두기

목련꽃 피는 날 향기로운 만남을
기다리는 사람이 늘어나던
평화롭고 낭만적인 도시

녀석들이 갑자기 공격했을 때에
우리는 방어에 대한 상식조차 갖지 못했소
그건 우리들이 처음 겪는 일이었소

신문 라디오 텔레비전엔
침입자를 피하는 방법으로
친한 사람들과 관계도 일단 멀리하고

마스크는 무조건 꼭 해야 한다기에
폰으로만 주고받던 숱한 이야기
날마다 진한 그리움만 쌓여 갔었소

저마다 인의예지 행하던 세월이
지금의 방역 으뜸 도시가 된 힘이었소
어둠 지나면 새날이 밝는 법

목련이 피고 은행 알이 뒹구는
청동기 시대부터 행복했던 이 터전
잘 가꾸어 갈 것이오

비슬산

그 산을 높이 올라서 보았다
즈믄 고지 바위틈에 솟는 감로수
금강계단 적멸보궁 절하는 마음
하루 한 가지 공덕 쌓은 수험생 가족 서사를

진달래 꽃내음 평원에서 느꼈다
소나무 너럭바위 그 사이론 진달래 연분홍 물결
흙 공기 햇살이 부드러운 능선 길
들숨 날숨 걸으니 마음의 상처 한결 가라앉는 것을

대견봉에서 낙동강 노을 보고 깨달았다
내가 어디쯤 와 있는지 어디로 가야 하는지
반달에서 눈썹으로 머물다 점점이 지는 해넘이 풍경
이 세상에 사는 것이 좋은 선물임을

오래된 신발

겉보기에
빛이 바랬지만
바닥에 공기층이 있어
폭신한 운동화

그걸 신고
시장 갔다 오다가
미끄러져 넘어질 뻔했다
오래 신어 밑바닥이 반질반질 닳았다

구두 고치는
신기료 아저씨 찾아가서 손보았다
밑창을 덧대어 신고 보니
몇 년은 더 신겠다

누구는 그까짓 거
과감히 버리라 하지만
나는 새것보다 편한 것이 좋다
사람도 그러하다

대율리 한밤마을

산자락에 붙은 한밤마을
이끼 낀 돌담장 끼고 걸어가노라면
아득한 옛날로 돌아간 것 같다
막돌 허튼층쌓기 담장이 아늑하다

어느 집 돌담 위에서
잘 익어 가던 주황색 청둥호박
고택의 반들반들한 장독대
안주인 살림 솜씨 맵짜다

이 고을엔 오래된 감나무가 많다
까치밥 감을 먹다 저 혼자 배부른 직박구리
기분 좋다고 찌익찌익 소리를 내는데
나도 덩달아 소리 지르고 싶은 마을이다

하목정

마음이 울적한 날이면
앉은 곳 훌훌 털고 일어나
하목정에 가라

서쪽 담장 너머로
하늘빛 닮은 강물이 흘러가고
현판 아래 창을 액자 삼은
배롱나무 꽃 더미 찾아
시인 묵객이 제 발로 찾아오는 곳

방구매기 수법 기와지붕 아래
워낙 낡아서 빛깔조차 바랜 목조건물
영쌍창의 홈은 옛 흔적 그대로네

마루 밑엔 자귀질 자국 생생한데
이게 과연 조선 중기 건물이 맞는가
집도 사람도 오래되면
귀한 신령의 기운으로 바뀐다지

* 하목정(霞鶩亭) : 대구광역시 달성군 하빈면에 있는 조선 시대의 정자 건축물.

영벽정

아금암 벼랑 위에 세운 정자
아름드리 길상목 품에 안고
초록 잎새는 햇빛에 반짝반짝

칠월 보름에서 하루 지나
문산의 낙동강 달그림자 바라보고
맑은 바람 속 선유하던
선계의 선비들 흔적 묻어나는 영벽정

찾아오는 시인묵객을
삼백여 년 지켜봐 온 회화나무여
오늘은 어떤 귀한 님 기다리시나

＊영벽정(映碧亭) : 대구광역시 달성군 다사읍에 위치하고 있는 파평 윤씨 입향조인 아암 윤인협(1541~1597)이 1571년 건립한 정자로 비지정 문화재이다.

삼년산성

충북 보은에 둘러쳐진 삼년산성
고구려의 남진 막아 보려고
신라가 삼 년이나 걸려 쌓은 요새

지세 낮은 서문 안쪽에 연못을 판 것은
창이나 무기를 가진 적이 들어와도
잠시 머뭇거리게 하기 위해서였지

고려 왕건이 공격하다 뜻을 접었고
백제를 멸망시켰던 김유신 병력이 훈련 받던 곳
김춘추가 당나라 사신을 접견한 성터

오늘은
빨간 모자 위의 선글라스 낀
젊은 여인들이 지나간다

불로동 고분공원

햇살과 바람
물과 흙이 이토록 조화롭구나
푸른 잔디 크낙한 무덤
천년 숨결로 지혜를 가르쳐 주네

탁 트인 하늘처럼
세상의 아량은 넓어지거라
큰 강으로 향하는 냇물의 걸음걸이로
자세를 낮추며 살아가거라

부드러운 봉분
그 어질고 고운 곡선의 오솔길처럼
마음을 둥글려서 걸어가거라
어떤 경우에도 왈칵 성내지 말거라

무덤가의 어여쁜 구슬붕이
종일 탁한 공기로 머리가 무거운 나에게
살아가는 일은 소중한 것이라며
보랏빛 미소로 위로해 주네

사미정

낙동강 굽이굽이
봉화 소천리 마을에 이르면
이름도 고운 사미정四未亭이 반기네

정자가 딛고 선 아래로는
옥빛 물살 쓰다듬는 너럭바위
천년의 깊은 침잠 속에 눈 감고 있네

소쩍새 울면 다슬기 올라붙고
숲 바람 잠들면 수달이 모여드는
밤 깊을수록 반딧불이 가장 아름다운 곳

채제공蔡濟恭 어른 친필에선
선비도 효제충신도 저절로 풍겨나네
여기는 둘째구비 춘양구곡

대가야 고분

고령 대가야 유적지
거기서 가장 큰 으뜸돌방에는
왕과 시중드는 순장자
그 곁에 딸린 또 다른 돌방에는
왕의 다음 세상 위해
껴묻거리 함께 묻었다네

주변에 순장 덧널 배치되어
맺힌 목숨이 누린 목숨과 같이
천년이 넘도록 깊은 침잠 들어가셨느니

이승과 저승이 이어진다며
타고난 수명조차 제대로 못 살던 시대
저승에서 귀한 대접받고 싶어
금은보화에 온갖 장신구 챙겨 갔지만
삼도천 건널 때
그대는 이미 물살 따라 가버린 이승 인연

번성했던 시대는 지나고

오늘은 나그네 호젓한 발걸음 사이로
하얀 개망초만
흐드러지게 피어 있구려

동네 미장원

연탄난로 따뜻한 미장원에
비빔밥 한 양푼 그대로 들고 와서
원장과 같이 먹자는 할머니

금방 지은 밥
잘 삶은 노란 콩나물
채 썰어 볶은 푸른 호박 채
마당에서 키운 보드라운 상추 뜯어 넣고
쓱싹쓱싹 비비더니 한 대접 퍼 담아
내게도 작은 숟갈 쥐어 주네

난로 위
대추가 흠뻑 들어간 약차를
한 사발 부어주는 원장
손님들이 파마하는 동안에도
그 한 사발 사랑에
생기가 솟아나는 동네 미장원

운반의 역사

내 초등학교 시절
나무땔감은
지게꾼이 운반하고

이삿짐 보따리는
말 구루마가 운반했네

딸내미 고등학교 시절
무거운 짐은
용달차가 운반하고

요즈음
이삿짐은
사다리차가 운반하네

일상사

나는
골짜기 물이 되기로 했다
마감일 오기 전에 원고를 부치고
어느 단체의 '글과 그림'전
대관신청을 하고 낮은 데로 흘렀다

카톡 방에는
모실 회장님이 많아
묵묵히 흐르기만 했다
어제는 전시회 오늘은 심사회의
가야 하는 물길을 따랐다

바다에 닿기 전
정의 지키는 힘을 길러야 했다
깊은 밤까지
'문심조룡文心雕龍' 다시 읽다가
잠이 들었다

만학도

동작 재빠르지 못해
교수님 강의 서둘러 받아쓰니
온통 지렁이 글씨체다

오십 대 학생이라
구석에서 홀로 서 있는데
세미나 발표 조 편성할 때
서로가 들여놓기를 주저하고 망설이는
나는야 늦깎이 학도

시험 날짜 정해지면
그래도 오랜만에 체면 선다
글씨체 상관 않고
노트 빌려 달라고 달려오는
게으른 여학생들 덕분에

코로나19 시대

기습적으로 목숨을 노린다던
그들이 몰려왔다

그들 눈에 띄지 않으려
사람 만나지 않고
마스크 쓰고 할 말 있어도 참는다
온라인으로 물건 사고
앱으로 송금하고 택배로 받는다

본디 우리는
구름 아래서 3.3.5.5 걷고
정답게 추렴하면서 이웃하였다
호박범벅이나 팥죽 쑨 날이면
큰 사발에 담아 인정을 나누었다

만나고 싶어도
못 만나는 애틋한 사람들
그리움이야말로 우리 최고의 힘
끝까지 버티고 참아서

더욱 다정한 사람이 되고 싶다

치과 스케일링

악어새 한 마리
입안으로 들어왔다

솨솨 솨
바람 부는 소리
졸졸졸
시냇물 흐르는 소리
째깩 째깩
새 부리로 돌 쪼는 소리
눈을 감고 듣는다

악어새
한 번 다녀가니
입안이 개운하고
환해졌다

여고 시절 친구

한 친구와 나
반이 바뀔 때마다
짝이 되었다

가난을 이고 살던 시절
공부까지 잘 되지 않아 힘겨운데
견뎌 낼 수 있었던 건
친구 노래 덕분이었다

'새드 무비'를
원어로 적어 왔던 짝 덕분에
팝송의 세계를 맛볼 수 있었다
친구 목소리는
나를 상상의 세계로 인도했다

우울한 마음을
벗어나게 해 주었던 친구에게
오늘은 펜 꼭꼭 눌러 편지를 쓰고 싶다

생각하기 나름

두 달 전에는
자동차 리콜 때문에 서비스 받으러 갔고
보름 전에는 컴퓨터가 말 안 들어
부품을 바꿔 끼웠다
사흘 전에는 작은 방 보일러 조절기가 탈이 났다
오늘은 센서 등이 고장났다

둘이 사는데
왜 이리 고칠 것이 많은가 하는 나에게
그가 위로한다
산다는 것은 늘 맞닥뜨리는 문제 해결을 위해서라고
살아가며 문제를 만난다는 것은
존재의 이유이기도 하다고

완행열차

그때가 아마
한겨울이었을 거야
외갓집에서 나는 보았네

담벼락에 시래기 스치는 소리
넓은 마당에 나오면
머루빛 밤이 까맣게 익어 가는데
적막을 뚫고 눈에 금빛 불을 환히 켜고
어디론가 달려가던 기차

열차 타고 서울로 가는 사람들이
왜 그리도 부러웠을까
가다 서다 할지라도
도착하는 종착역이 서울인 사람들이
왜 그리도 부러웠을까

그 밤 기차만 멀뚱히 바라보며
나는 그냥 마냥 순한 아이로 살았지
스무 살 될 때까지는

착한 사람들

아들이 이혼했다는 석이 엄마
부군이 돌아가시며
서울 집을 며느리 명의로 해 주라고 부탁했단다

오랜 세월
남편 고시 뒷바라지하던
며느리가 참으로 수고 많았다고
자기 아들 까다로운 성질 맞춰 살아 준
며느리가 대견하다고

정작 자기는 지방의 빌라 한 칸에 살면서도
마음은 만 평도 넘는 석이 엄마
그런 착한 사람들이
세상을 아름답게 만들어간다

조금씩만

파릇한 쑥에
하얀 콩가루 무쳐 끓이는
구수한 쑥국이여

냄비 뚜껑 열어 놓고
끓여야 하는 데도
줄곧 닫은 채 끓이는 사람이 있다

열 치밀어 올라
못 참고 왈칵 넘쳐 오르면
주변 여기저기 온통 얼룩이 남는다

스무 살 처녀야
조금은 뚜껑을 열어 놓고 끓여 보렴
증기를 조금씩 내보내렴

네 가슴속 사랑도
절대 한꺼번에 왈칵 끓어넘치게 하지 말고
그렇게 조금씩 내보내렴

신선한 충격

수성시장 난전에서
도라지 껍질 까는 할머니
손놀림이 어찌나 빠른지 놀랍다

오늘따라
할머니 목에선 유난히 반짝이는
금목걸이 하나

할머니 목걸이 참 좋네요
"우리 사위가 사장인데 내 팔순이라고 해줬지"
할머니 사위는 뭐 하는데요
"고물상이야 돈 잘 벌어
나는 이렇게 도라지 까서 자식들 대학교 보냈지
요새 사람들은 도라지도
내 만큼 잘 까진 못하는 기라"

할머니는 매사에 자신만만하다
섣달 단대목에
난전 앞에 할머니 깐 도라지 사려는

사람이 줄을 서 있다

원고 마감

쌀독에 쌀이 떨어졌다
이런 사정 모르는 사람이
집집마다 쌀을 기부하라는데
나는 나도 모르게
며칠까지 보내겠다고 불쑥 말해 버렸다

나락이 익으려면
가을 햇살 듬뿍 쬐어야 하는데
약속 날짜는 점점 다가오고
이걸 어쩌나 대관절 이를 어쩌나
발만 동동 구르는데

짧은 해는 저물고
밤은 빨리 와서 점점 깊어 간다
나는 책상 앞에 앉아서
공연히 썼다가 지우고 또 썼다가 버리는데
내 파지破紙 위에 잔뜩 쌓인 공허

내가 만일

내가 만일
아름다운 꽃으로 피어났다면
지나가는 길손에게
꺾여 버렸을지도 몰라요

내가 만일
부잣집 금수저로 태어났다면
땀의 가치를 모르는
냉정한 사람이 되었을지도 몰라요

내가 만일
뛰어나게 공부를 잘했다면
우쭐거림 몸에 밴
거만한 사람이 되었을지도 몰라요

내 비록
가난하고 못난이어도
힘껏 노력하면서 앞날 열어 가는
오늘이 정말 좋아요

금혼식

솜 타려고 이불 꺼내는데
거기 숨어 있던 부적 한 장이
가랑잎처럼 나붓대며 떨어집니다

밖으로 나돌던 그 사람
어긋난 길 갈까 봐 철학관에서 받았던
괴황지에 쓴 붉은 글씨

꽃 초롱 든 사람들이
발걸음 소리 죽여 따라가 보라던 말
한쪽 귓등으로 흘리고

자식 농사에만 귀 기울여
오로지 애들 공부방에 따스한 불만
지피고 또 지폈습니다

오늘은 결혼 50주년
헛된 바람도 소문도 다 지나가고
자개장롱의 십장생 찾으며 시간을 즐깁니다

이별

바람이 몹시도 불던 날
그녀 휘날리는 머리칼은 아름다웠다
연달래빛 입술도 고왔다

칠월인데
푸르던 나뭇잎이 시들어
팔랑팔랑 길바닥에 떨어진다

신의 뜻을 도통 모르겠다
가을은 아직 한참이나 남았는데
저 나뭇잎은 어인 일로 서둘러 떨어지는가

이 아침
급작스레 날아온 슬픈 소식
다정한 친구의 부음訃音

시간 강사

쥐꼬리망초처럼
가련한 반그늘 생이면 어떠리
언제 어느 풀 베는 칼날에 베어질지 모르는
우리는 한해살이 여정

보따리장사 솎아내는 방법은 가지가지
원치 않는 풀을 뽑아 버린다는
뒤숭숭한 풍문이 도는 겨울 학기
한 잎의 낙엽에도 스승은 별을 보아야 하느니

누가 스승을
난도질해서 시간표 속에 새겼는가
오늘의 시계는 근원을 찾는 태초의 언덕에서
아카데미아의 아득한 별을 보느니

빛이 자라나는 길

크낙한 도시에 막 도착했는데
대학원 전공과정을 밟던 아이가 돌연
두 시간 뒤에 좋은 사람 온다고
저녁 식사를 오늘 집에서 같이하자고 말하네

그때가 밀물의 시간이었지
옹색한 자취집에서 서둘러 만찬 준비할 때
내 가슴은 도마소리보다 더 콩닥콩닥 뛰었지
새 손님 맞을 땐 옥을 품은 산의 자세로 하라

아, 그러나 썰물의 시간도 있었네
다 자란 혈육이 하나둘 빠져나가고 쓸쓸하던 때
내 눈엔 눈물 그렁그렁했었지
사랑은 내리사랑 친정엄마도 그리 살았지

드디어 갯벌의 시간에서야 깨달았네
관심은 갖되 간섭은 하지 말아야 한다는 것을
모든 숨결은 귀하니 각자의 몫대로 산다는 것을
사람으로 사는 것이 온통 빛이라는 것을

자배기

맑은 물에 씻은 여린 열무
꽃소금 솔솔 뿌리면
숨죽을 때까지 품어 안던 자배기
안주인 떠나 버리자
구석방에 혼자 웅크리고 있다

분꽃 필 때 자배기에다
보리쌀 한 됫박 넣고 하얀 팔뚝으로 치대던
얌전한 여인의 모습이 아른거린다
한 세대 바뀌어 구석으로 밀려났지만
자배기는 오늘도 누군가를 기다리며 반짝인다

네가 이날까지
부서지지 않고 버티어 온 것은
언젠가는 찾아줄 사람의 뜻에 이바지하려는 뜻
떡쌀 불린 알뜰한 며느리 부레옥잠 품은 작은 연못
아, 기다리는 마음은 그윽하여라

비둘기집

어느 날부터인가
베란다 난간에 비둘기가 둥지 틀었다
새는 제가 살기 좋은 터를 용케 아나 보다

이웃들이 비둘기가
소리 시끄럽고 불결하다며 쫓아낸다고 할 때
나는 아이들 간청에 그대로 두었다

아침마다 현관을 나설 때
비둘기 가족과 어김없이 눈 마주친다
새는 무엇이 미안한지 먼저 고개를 숙인다

녀석들을 볼 때마다
내가 오히려 측은한 마음이 들어
어떤 날은 사람이 먼저 고개를 숙이게 된다

어디서 물어 왔는지 그들의 둥지는
온갖 알곡 부스러기와 마른 풀로 가득하다
그리하여 우리 아파트는 초원의 집이다

벌에 대한 생각

나의 숲속 아파트
베란다 유리창에 벌들이 달라붙어 닝닝거린다
마른 솔방울 같은 벌집도 보인다
가만히 보니 아기벌도 조롱조롱 매달려 있다

인간의 집에
무허가로 집을 지은 벌들과
함께 사는 것은 마음이 편하지 않다
이웃집에선 이렇게 말한다
주인이 게으르니 벌이 집을 짓지
나는 왠지 심통이 나서
벌집을 툭툭 쳐 떨어뜨렸다

하루는 현관문을 나서는데
어리별쌍살벌이란 놈이 내 목을 찔렀다
깜짝 놀라 주저앉았더니
또 다른 벌이 왱왱 달려들었다

벌을 그냥 내버려두었더니

승진을 했다는 누군가의 말이 생각났다
내가 벌들을 가볍게 본 게 미안하다
그들의 집까지 부순 것이 미안하다

아이들 눈높이

꽃들이 부풀어 오르는데
배가 고픈 옛날 산골 아이들

냉이 캐서 씹고
참꽃 따서 먹어도 허기만 지던 아이들
자라서 어머니가 되었다

밥 굶지 않는 게 얼마나 다행이냐고
어머니는 자기 아이들에게 말했다
“먹는 게 대수인가
참고서도 사 줄 줄 모르시면서”
아이는 혼자 투덜거렸다

아이는 커서 어머니가 되었다
책은 다 살 줄 테니 학교 공부만 해 다오
자기 아이들에게 자신 있게 말했다
‘공부하라’는 잔소리 싫어서
아이들은 졸기만 했다

예나 지금이나 아이들은
어머니의 눈높이와 차이가 있다

성실한 친구를 위한 기도

신이시여
앞으로 다가오는 저의 친구는
검소하고 성실한 사람이면 좋겠습니다

친구는 엿기름에 싹을 내거나
자수에 본을 뜨거나
야채밭에서 상추 솎는 것을 좋아하는
그런 사람이면 좋겠습니다.

별꽃같이 작은 말이어도
기쁜 말 잘해 주는 사람이면 좋겠습니다.

제가 하소연하고 싶을 때
잠자코 들어주고 위로해 주며
다른 자리에서는 절대 그 이야기 꺼내지 않는
사려 깊은 사람이면 좋겠습니다.

앞으로 다가오는 저의 친구는
그런 사람이면 좋겠습니다

신이시여

해설

식물학적 상상력이 빚어내는 안정과 평화

—김숙이 시집 『오동보라』에 대한 상념

해설

식물학적 상상력이 빚어내는 안정과 평화

—김숙이 시집 『오동보라』에 대한 상념

이 동 순*

식물의 신비한 세계를 우리는 모르고 지나칠 때가 많다. 하지만 유의해서 지켜보면 식물의 세계에서도 끊임없이 생존을 위한 절박한 싸움을 펼치고 있음을 알게 된다. 추위 속에서도 서둘러 꽃을 피우기 위해 내부적으로 애쓰는 과정을 확인한다. 꽃과 식물의 시계視界는 온통 과학 그 자체라 해도 과언이 아니다. 꽃의 빛깔은 가시광선可視光線의 파장에 따라서 시시각각 달라진다.

---

*시인. 문학평론가. 《동아일보》 신춘문예 시(1973), 《동아일보》 신춘문예 문학평론(1989) 당선. 시집 『개밥풀』, 『물의 노래』, 『독도의 푸른 밤』, 『강제이주열차』, 『고요의 이유』 등 21권 발간. 민족서사시 『홍범도』(전5부작 10권) 발간. 분단시대 매몰시인 백석의 시작품을 수집 정리하여 최초로 『백석시전집』(창비, 1987)을 발간하고 시인을 문학사에 복원시켰다. 평론집 『잃어버린 문학사의 복원과 현장』 등 각종 저서 70여 권 발간. 영남대학교 명예교수.

가장 알맞은 순간의 꽃가루받이를 위해서 꽃은 스스로 언제 피어야 할지를 알고 있다. 시간을 정해서 꽃은 피어나고 진다. 살아남기 위해서 꽃과 식물은 난관을 어떻게 돌파해 가야 하는지도 알고 있다. 그냥 무심히 보면 평화롭게 피어 있는 것처럼 보이지만 에너지 소비를 최대한 줄이고, 또한 천적으로부터 살아남기 위해서는 온갖 궁리와 작전이 필요하다. 그런데 식물은 이것을 이미 알고 있다.

잎과 줄기와 뿌리가 각각 담당하고 있는 역할을 살펴보면, 식물의 구조와 생태가 얼마나 신비스러운지를 스스로 깨달아 알게 된다. 높은 산에 올라보면 잎과 가지들이 모두 한 방향으로 쏠려 있음을 보게 된다. 이는 그 혹독한 추위와 바람을 이겨내기 위한 전략이다. 또한 고산식물들의 자그마한 생명을 허리를 굽히고 가까이 들여다보라. 그들이 얼마나 작고 낮은 키로 가혹한 환경을 이겨내기 위해 진화한 체격임을 알 수 있다. 가파른 바위와 사람들이 밟고 다니는 길바닥에도 뿌리는 뻗어서 수분을 찾아 헤맨다. 오뉴월 무논의 개구리밥을 비롯한 부유식물浮游植物들은 땅에 뿌리를 내리지 못하고 정처 없이 이곳저곳 흘러 떠돈다. 부평초라는 말은 떠돌이 목숨이란 뜻이다. 사람도 이와 같은 처지와 경우가 있다. 식물의 생태와 생김새, 성장 과정, 특성 등을 자세히 확인해 보면 그들이 얼마나 살아내기 위해 엄중한 시간을 적응해 가며 살아가는가를 알 수 있다.

식물은 말도 못하고 그냥 제자리에서 묵묵히 있는 것 같지만 그들에게도 감정이 있고, 일정한 반응을 하는 것으로 알려져 있다. 그리하여 어떤 식물 애호가의 경우 자신이 좋아하는 식물을 늘 가까이 보살피고 사랑하면서 잎을 정성스럽게 닦아 주고 때맞추어 물을 공급해 주며 음악까지도 틀어 준다고 한다. 그런데 이를 식물들이 모두 알아듣는다고 한다. 식물원에서 음악회가 열리는 경우도 종종 있다. 특별한 소리에 대한 반응과 교감이 있다는 것이다. 이를 일찍부터 눈치챈 사람이 아우구스티누스이다. 식물은 인간이 봐주기를 바라며, 봐주는 것을 구원이라 말했다. 루소의 경우는 식물을 하늘의 별과 같은 존재성으로 풀이한다. 즐거움과 호기심이라는 매력을 식물이 지니고 있는데, 그것은 인간을 유혹하기 위해 여기저기 마치 밤하늘의 별처럼 뿌려져 있다고 한다.

식물의 놀라운 변이나 특이한 현상들을 대면하게 될 경우가 있다. 서로 다른 나무들이 심한 부대낌 속에서 마침내 하나의 나무로 통합이 되는 기이한 모습을 본다. 그것을 흔히 연리지連理枝라 하여 인간의 운명적 사랑에 빗대어 설명하기도 한다. 또한 나무와 나무는 서로 가까이 다가가고 싶어서 가지를 슬금슬금 자기가 좋아하는 나무쪽으로 자꾸만 팔을 뻗듯이 이동해 간다고 한다. 그러한 광경이 인간의 애타는 사랑과도 같은 광경으로 해석된다. 옹기나 바위에 깔린 풀들이 길게 몸을 내뻗어서 마침내 바깥세상으로 얼굴을 내밀고 꽃을 피우며 마침내 열매까지 맺는 경과도 볼 수 있다. 또한 이끼나 덩굴 등 기생식물들이 자기 몸을 타고 올라가는 것도 거부하지 아니하고 수용적 자세로 몸을 내맡기고 있는 너그러운 자세도 볼 수 있다. 나무는 다른 나무의 가지를 결코 건드리기를 싫어하여 그것을 일부러 피해 자신의 가지를 내밀어간다. 이것은 공존과 화합의 원리를 상징하기도 한다. 아주 다양한 식물의 원리나 현상을 목격할 수 있다. 이 식물학적 원리를 삶에 도입해서 살아간다면 안정과 평화는 훨씬 빨리 자리를 잡게 될지도 모른다.

한국현대시문학사에서 식물학적 이미지와 상상력에 가장 적극적이며 충실했던 시인은 아마도 백석(白石, 1912~1996)이 아닌가 한다. 그의 시 전반에 나타난 이미지와 상상력은 절대다수가 식물학적 특성을 지니고 있다. 동물적 이미지나 상상력은 썩 드물고, 있다 할지라도 미물이나 곤충류에 불과하다. 이는 무엇을 말하는가. 바로 사랑과 안정, 나아가서는 평화의 메시지 전달에 대한 강렬한 도구로 활용되고 있다. 평화주의자 백석의 식물 사랑은 그의 시세계 전체로 확장되어 백석 시의 독특한 개성을 형성하는 일에 이바지하고 있다.

김숙이 시인의 이번 시집 『오동보라』에 나타난 이미지와 상상력도 백석과 마찬가지로 식물학적 특성에 기울어 있다. 이는 시인의 기호와 취향을 그대로 전해 주는 것이라 하겠다. 이번 시집에 수록된 4부 구성의 시작품은 제각기 어떤 특성이나 방향성에 따른 부의 나눔으로 이루어진 느낌을 받는다. 1부는 꽃, 2부는 가족, 3부는 역사와 고전, 4부는 생활 혹은 일상성 등이다. 이 4부는 그들끼리 서로 단절되지 않고 연결되어 상호 교호성交互性으로 작용한다.

특히 시집 제1부에 수록된 20편의 시작품이 지닌 면모는 더욱 그러하다. 「봄 까치꽃」, 「오동보라」, 「참꽃의 노래」, 「앵두나무」, 「딸기」, 「꽃 옆에서 사진 찍는 할머니」, 「꽃댕강」, 「회화나무」, 「애달픈 가족」, 「쥐똥나무」, 「할미꽃」, 「꽃을 찾아가는 길」, 「우당고택 탱자나무」, 「살아 있는 것은 아름답다」, 「노조 가입」, 「강아지풀」, 「봉숭아」, 「국화」, 「살사리꽃」, 「능소화」 등 스무 편의 작품이 그것이다. 여기에는 잡초에 해당하는 초본류草本類, 사람들이 흔히 즐기는 화본류花本類, 나무라 해도 그리 크지 않은 목본류木本類 등으로 가득 채워져 있다.

별꽃, 봄 까치꽃, 오동꽃, 매화, 참꽃, 앵두꽃, 살구꽃,

벚꽃, 딸기꽃, 구절초, 쑥, 동백꽃, 꽃댕강, 수레국화, 양귀비, 장미꽃, 작약, 황매, 채송화, 수세미꽃, 가지꽃, 애기똥풀, 까치꽃, 자운영, 질경이, 코딱지꽃 등이 그 작품들 사이에 보석처럼 박혀서 제자리를 잡고 있다. 그런데 유심히 분석해 보면 그 꽃들의 종류는 대개 서민적이고, 야생초이며 누가 인공적으로 가꾼 꽃들이 아니다. 뿐만 아니라 아슬아슬 생명력을 갈무리해 오며 위기를 이겨 온 꽃이다. 인간의 존재성과 비견해 보면 상징적 의미로 되살아난다. 즉 야생초처럼 척박하고 가혹한 환경에서 태어나 생장했으면서도 전혀 주눅들지 않고 자신의 존재감을 꿋꿋이 수립해 온 경과를 보여준다. 이를테면 다음 시를 보자.

보도블록 틈에 돋아난
작은 풀들이 마구 뿌리째 뽑혀
군데군데 놓여 있다

마구 캐내는 서슬에
난데없이 솟구쳐 나와 삶을 마감하는
작고 애잔한 생명들이여

네 연둣빛 생명이 슬프구나
어쩔거나 어찌할거나

길 건너 어느 삭막한 곳에 던져져
순식간에 강제 철거민 되어 버린
애달픈 가족

—시 「애달픈 가족」 전문

어디 돋아날 곳이 없어서 하필이면 보도블록 틈에 일부러 자리를 잡았는가? 인간의 삶으로 보면 매우 불운하고 불행한 경우라 하겠다. 1연에서 묘사된 꽃의 표상은 가련하고 처연하다. 2연에서는 풀의 표상이 인간의 삶으로 치환되고 있는 과정을 보여준다. 시인은 그 꽃을 강제 철거민의 표상으로 바꾸어서 읽어낸다. 범상치 않은 시작품으로 다가온다. 뿐만 아니라 그 위기危機의 꽃은 제대로 성장하지 못하거나 누구에겐가 뽑혀져 생존을 마감하고 말 위험성이 크다. 전체적으로 시인이 선택하고 있는 꽃의 표상은 이처럼 서민적이고 평범한 삶의 틈서리에 깃들어 있는 가련한 존재성을 발견하는 일에 주력한다.

제2부에 담긴 시작품들은 주로 어머니 표상을 중심으로 화두가 시작되어 추억의 회상 공간으로 진입한다. 그것은 따뜻함과 인정의 기억, 장엄했던 한 생애, 자책감, 가슴에서 자꾸만 되살아나는 강한 장면들에 대한 연민이다. 「오월」, 「맷돌호박」, 「살아가는 법」, 「헛똑똑이」,

「일별」, 「처방전」, 「시험관」, 「지지름돌」, 「가을」, 「오래된 사랑」, 「소리의 역사」, 「눈물 흐르던 밤」, 「추억의 안지랑골」, 「둥지 섬」, 「고향길」, 「어머니」, 「어린 시절」, 「이름」, 「어머니 말씀」 등이 그것이다. 이 가운데서 우리는 「눈물 흐르던 밤」을 주목한다.

어머니
구십 평생 쓸쓸했던
겨울 나그네

당신 장례 때문에
바쁜 혈육들
고생시키지 않으리라
평소 다짐하시더니

정월 보름달 뜬 열엿새
자정 무렵에 별나라로 가셨다
성당까지 엄숙히 모시는 길

싸늘한 달 외로이 떨고 있고
눈 녹은 물 찬 기운 사방에 흐르고
설중매 꽃잎 이지러져 떨어지고

—시 「눈물 흐르던 밤」 전문

시인은 어머니의 종생까지 극진한 시봉과 수발을 다하였다. 그 힘든 과정과 고충의 일단을 나는 기억한다. 차마 말을 꺼내지 않으려는 시인에게 그 고충의 일단을 들은 적이 더러 있다. 선비先妣께서는 대학 병원 응급실에 도착하실 때 인공호흡기를 달았는데 그것이 임종하실 때까지 큰 고통과 함께 사시게 될 줄 몰랐다면서 한숨지을 때 눈물이 그렁그렁하던 것을 기억한다. 중환자실 집중치료실에서 보호자의 면회 시간은 대개 30분으로 정해져 있다. 짧은 시간 안에 보호자는 매일 혈압, 호흡, 체온이 나타나는 기구의 수치를 체크하고 환자 상태를 파악하고, 몸을 닦아 내는 의료용 휴지와 위생용 깔개 매트를 준비해야 된다. 환자 면회를 끝낸 보호자는 담당 의사를 만날 때까지 병실 밖에서 기다렸다가 꼭 면회해서 환자의 상태에 대해 묻고 다음 할 일을 알아가야 하는 것이다.

시인이 어머니를 휠체어로 모시고 일반 병원을 다녔을 때에는 울퉁불퉁한 보도블럭과 높은 도로 턱 때문에 육체적인 힘이 들었다면 집중치료실에서는 급박하게 돌아가는 병원 시스템에 맞춰야 하니까 현실적인 어려움까지 있었을 것이다. 김숙이 시인은 그 힘든 생의 구간을 거쳐 와서 시작품을 통해 가슴속에 쌓인 말을 조금씩 풀어내고 있다.

제3부의 시작품에서는 역사적 테마, 혹은 고전 세계에서 취재한 작품들을 담았다. 「이락서당」, 「낙동강」, 「방어진 슬도」, 「장하다 대구」, 「비슬산」, 「오래된 신발」, 「대율리 한밤마을」, 「하목정」, 「영벽정」, 「삼년산성」, 「불로동 고분공원」, 「사미정」, 「대가야 고분」, 「동네 미장원」, 「운반의 역사」, 「일상사」 등이 바로 그 주인공들이다. 우선 예시에서 보듯 대구 경북, 혹은 충청도의 고적을 직접 답사하고 그에 얽힌 역사적 유래와 사연을 시작품에 적극적으로 반영하고 있다. 정자나 서당을 비롯한 건축물, 혹은 오래된 무덤까지도 시인의 눈은 범상치 않은 시선으로 날카롭게 포착하고 있다.

가령 다음 작품을 보자.

겉보기에
빛이 바랬지만
바닥에 공기층이 있어
폭신한 운동화

그걸 신고
시장 갔다 오다가
미끄러져 넘어질 뻔했다
오래 신어 밑바닥이 반질반질 닳았다

구두 고치는
신기료 아저씨 찾아가서 손보았다
밑창을 덧대어 신고 보니
몇 년은 더 신겠다

누구는 그까짓 거
과감히 버리라 하지만
나는 새것보다 편한 것이 좋다
사람도 그러하다

—시 「오래된 신발」 전문

전혀 난삽하거나 읽기에 불편한 부분이 없다. 그저 평범하고 친숙한 어법이 우리에게 편하게 다가온다. 이 시에서는 편한 것과 새것에 대한 극명한 대비가 특별한 의미로 다가온다. 대나수의 사람들은 새것을 추구하지만 시인은 그보다도 편한 것의 가치를 한층 존중하고 부각시키고 있다. 현대인의 삶에서 진정 필요한 가치가 무엇인지를 우리에게 일깨우는 중요한 부분이라 하겠다. '사람도 그러하다'란 대목에서 단지 신발의 문제에 국한된 것이 아니라 오래된 신발 하나가 사실은 삶의 깊은 원리와 철학성을 담보로 하고 있다는 사실을 일깨운다.

이 시에서의 제4부에 담긴 작품들은 1부에서 3부까

지의 작품들과는 또 다른 양식을 보여준다. 그것은 인생에 대한 체험적 경지, 혹은 달관의 삶을 은근히 부각시키고 있다. 「만학도」, 「코로나19 시대」, 「치과 스켈링」, 「여고 시절 친구」, 「생각하기 나름」, 「완행열차」, 「착한 사람들」, 「조금씩만」, 「신선한 충격」, 「원고 마감」, 「내가 만일」, 「금혼식」, 「이별」, 「시간 강사」, 「빛이 자라나는 길」, 「자배기」, 「비둘기집」, 「벌에 대한 생각」, 「아이들 눈높이」, 「성실한 친구를 위한 기도」 등이 해당 작품들이다.

이 4부에서 시리즈 형태의 작품 중 유난히 우리의 눈길을 끄는 작품은 「시간 강사」이다.

쥐꼬리망초처럼
가련한 반그늘 생이면 어떠리
언제 어느 풀 베는 칼날에 베어질지 모르는
우리는 한해살이 여정

보따리장사 솎아내는 방법은 가지가지
원치 않는 풀을 뽑아 버린다는
뒤숭숭한 풍문이 도는 겨울 학기
한 잎의 낙엽에도 스승은 별을 보아야 하느니

누가 스승을

난도질해서 시간표 속에 새겼는가
오늘의 시계는 근원을 찾는 태초의 언덕에서
아카데미아의 아득한 별을 보노니

필자는 김숙이 시인의 대학 강사 시절 모습을 너무도 명확하게 지켜보아서 잘 알고 있다. 만학도로 대학의 학부 강의를 힘들게 마쳤고, 대학원 석박사 과정의 고비와 난관도 거뜬히 이겨 내었다. 필자의 뚜렷한 기억 속에서 김숙이 시인은 박사과정을 거치며 아주 걸출한 두각을 나타내기 시작했다. 박사 논문의 테마는 백석의 시 세계 연구로 일단 설정했고, 주어진 여건 속에서 강렬하게 밀어붙였다. 필자는 그의 의욕과 맹렬성에 처음엔 다소 불편한 기색을 보였다. 하지만 날이 갈수록 선명하고 활기찬 연구 의욕과 성과에 거듭 놀라면서 그의 행보를 측근에서 보조하고 후원했다. 마침내 한 편의 박사 논문이 완성되고 심사 과정에서 칭찬이 쏟아졌다. 나는 지도 교수로서 내심 흐뭇하고 대견했다. 역시 될성부른 나무는 기어이 두각을 나타내기 마련이라고 확신한다. 다년간 강사 시절을 보내는 과정에서도 워낙 치밀하게 준비하고 학생들을 배려하는 자세로 뛰어난 강의를 이끌어 우수 강사로 뽑혔고, 표창의 영예를 안았던 기억도 있다. 김숙이 시인의 지난 경과를 돌이켜보면 그가 얼마나 자신의 일과 명예에 책임감을 걸며 완벽한 준비를 해 온 것인지 그 구체적 사실과 행적을 확인할 수 있다. 김숙이의 이번 시집 『오동보라』 전체에서 하나의 규범성, 혹은 철학성이라 할 만한 삶의 지향과 방향성은 바로 다음 시작품에서 뚜렷이 나타난다.

파릇한 쑥에
하얀 콩가루 무쳐 끓이는
구수한 쑥국이여

냄비 뚜껑 열어 놓고
끓여야 하는 데도
줄곧 닫은 채 끓이는 사람이 있다

열 치밀어 올라
못 참고 왈칵 넘쳐흐르면
주변 여기저기 온통 얼룩이 남는다

스무 살 처녀야
조금은 뚜껑을 열어 놓고 끓여 보렴
증기를 조금씩 내보내렴

네 가슴속 사랑도

절대 한꺼번에 왈칵 끓어넘치게 하지 말고
그렇게 조금씩 내보내렴

—시 「조금씩만」 전문

어떤 일에도 결코 서둘거나 차례를 망각하지 않고 느긋한 태도를 잘 유지하는 것이야말로 삶의 비결이라고 시인은 말했다. 쑥국을 끓이는 데에도 작은 절차와 규범이 있다는 사실을 시인은 우리들에게 일깨운다. 이런 방식이 정착되기까지는 오랜 시간에 걸쳐 우리 겨레의 전통과 습속의 긴 시간이 쌓인 끝에 비로소 이러한 체험적 진실이 형성되었을 것이다. 이 당위성을 무시하고 순조로운 경과를 기대하기란 불가할 것이다. 음식의 조리뿐만 아니라 삶과 사랑도 축적된 성과를 진정 조금씩 아끼고 절제하며 순리를 따르는 그러한 삶의 방식을 선택할 때 진정한 경로에 접어든다는 사실을 시인은 우리에게 환기시켜 준다. 이것은 일견 평범해 보일지라도 결코 호락호락한 선택이 아니라는 것을 문맥을 통해 알 수 있다. 조금씩만 열고, 조금씩만 팽창된 열기를 내어보내고, 조금씩만 절제를 통해 다듬어진 규율적 삶을 선택할 때 더욱 빛나는 속도의 진전을 회복할 수 있다는 과정을 시인은 시 「조금씩만」을 통해 우리에게 직접 확인시켜 보여 준다.

한 권의 시집을 통해 집중적으로 발산하고 있는 식물학적 상상력은 하나의 거대한 위력과 권위로 우리에게 다가온다. 하지만 그 위력은 결코 거북하거나 위압적이지 않고 따라서 불편을 느끼지 않는다. 왜냐하면 그것이 우리가 궁극적으로 선택하지 않을 수 없는 상식적 규범이기 때문이다. 그러한 식물학적 상상력이 추구하는 절대적 갈망의 세계는 안정과 평화이다. 고대 희랍의 철인 시세로는 안정이라는 가치가 확고한 원칙에서 빚어진다는 사실을 은근히 일깨워 주었다. 아우렐리우스의 언설言說은 안정 그 자체가 곧 좋은 질서로 복귀하려는 마음이라고 하였다. 어느 누가 불안정과 교란, 혹은 무질서를 선택하려 하겠는가. 안정과 마찬가지로 우리의 삶이 갈망하는 가치관은 평화와 희망의 세계이다. 스피노자는 평화를 영혼의 힘에서 생겨나는 미덕이라 갈파하였다.

김숙이 시인이 시집 『오동보라』를 통해 표방하고자 하는 것은 바로 안정과 평화의 가치관이다. 시인의 시적 영혼이 빚어내고 발산하는 안정과 평화의 거대한 힘은 고달프고 고통에 찬 코로나 시대에 사실 얼마나 기쁘고 안락한 것인가. 중국의 고전 철학서 『춘추좌씨전春秋左氏傳』에서는 나라가 평화스러울 때 미리 위기를 생각해야 한다고 말했다. 하지만 이 험난한 시대에서 어느 누가 과연 우리가 당면한 위기를 구출해 줄 것인가? 위기는 평화 속에서 미리 떠올리며 생각하지 않으면 안 된다. 그런 점에서 김숙이 시인이 자신의 시작품을 통해 일러주는 위기의 본질과 시대적 상징성에 대하여 우리는 깊은 성찰과 담론을 계속 토론하고 펼쳐가야만 할 것이다. 그의 이후 행보를 주시하고자 한다.

시인 김숙이

대구 출생. 영남대학교 문과대학 국문학과 및 대학원 박사과정을 졸업하고 학위논문「백석 시에 나타난 노장사상 수용 연구」로 문학박사 학위를 받았다. 영남대학교 외래교수(전), 한국문인협회 대구광역시지회 부회장(2회 연임), 국제펜한국본부 대구지역위원회 부회장, 한국문인협회 한국문화선양위원회 위원, 한국현대시인협회, 국제펜한국본부 회원으로 활동하고 있다. 시집으로『새는 뭍에서도 꿈을 꾼다』『괭이밥풀꽃』, 평론집으로『백석시 연구』를 발간하였다. 시사문단문학상 대상(2005), 대구예술상(2019), 제6회 이광수 문학상(2021), 제6회 영남문학 문학상(2022) 등을 수상했다.

mepssiya@hanmail.net

김숙이 시집

오동보라

초판 1쇄 발행 2022년 8월 25일

지은이 김숙이
펴낸이 이은재

펴낸곳 도서출판 그루
출판등록 1983. 3. 26(제1-61호)
주소 42452 대구광역시 남구 큰골 3길 30
전화 053-253-7872
팩스 053-257-7884
전자우편 guroo@guroo.co.kr

ISBN 978-89-8069-472-3